Farsi Alphabet

Picture Book with Exercises & English Translation
For children and beginners

الفبای فارسی

با تصاویر، تمرینات، ترجمه انگلیسی و واژه های اساسی
برای کودکان و مبتدیان

Susan Fariwar & Hamed Fariwar

الفبای مصور

/te/ ت	/pe/ پ	/be/ ب	/alef/ ا
/he/ ح	/che/ چ	/jim/ ج	/se/ ث
/re/ ر	/zâl/ ذ	/dâl/ د	/khe/ خ
/shin/ ش	/sin/ س	/zhe/ ژ	/ze/ ز
/zâ/ ظ	/tâ/ ط	/dâd/ ض	/sâd/ ص
/ghâf/ ق	/fe/ ف	/ghain/ غ	/ain/ ع
/mim/ م	/lâm/ ل	/gâf/ گ	/kâf/ ک
/yâ/ ی	/he/ ه	/waw/ و	/noun/ ن

/ â - alef /

كتاب
/ketâb/

Book

آهو
/âwoo/

Deer

آب
/âb/

Water

آلو
/âlou/

Cherry

ابر
/abr/

Cloud

مار
/mâr/

Snake

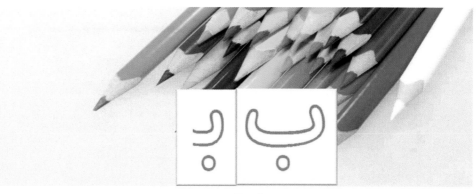

/be/

بابا

/bâbâ/

Grandpa

ببر

/babr/

Tiger

باغ

/bâgh/

Garden

بلبل

/bobol/

Canary

ب ب ب

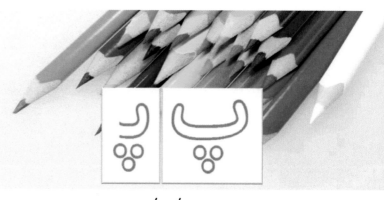

/pe/

توپ
/toup/

Ball

پنیر
/panir/

Cheese

پدر
/pedar/

Father

پکه
/pakeh/

Fan

Practice تمرین

ا   ا   ا

آ   آ

ب   ـبـ   ـب

با   بـا

پ   ـپـ   ـپ

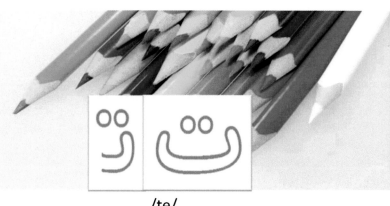

ت تـ

/te/

شتر
/shotor/

Camel

تاج
/tâj/

Crown

درخت
/darakht/

Tree

توت
/tout/

Berry

تـ تـ ت

/se/

ثَرْوَت

/serwat/

Wealth

ثَوَاب

/sawâb/

Good Deed

مُثَلَّث

/mosallas/

Triangle

جَرِثَقِیل

/jare saghil/

Crane

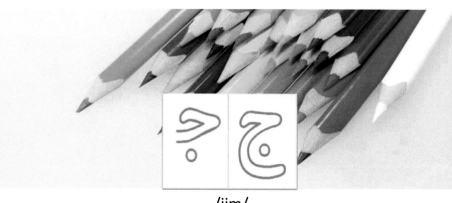

/jim/

جانور
/jânwar/

Beast

جوراب
/jorâb/

Sock

نارنج
/nârenj/

Orange

سنجاب
/sanjâb/

Squirrel

Practice تمرين

ت ـت

ث ـث

ج ـح

خ ـخ

حرف های هم شکل را باهم وصل کنید.

Connect the same words together.

ث	ث
ج	ا
چ	ث
پ	ج
ا	ب
ب	پ

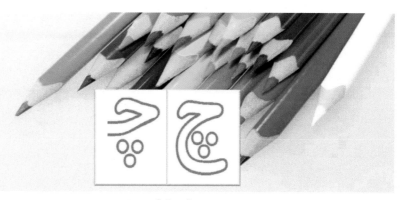

/che/

چوپان

/choupân/

Shepherd

چشم

/cheshm/

Eye

چهار

/châr/

Four

چوب

/choub/

Wood

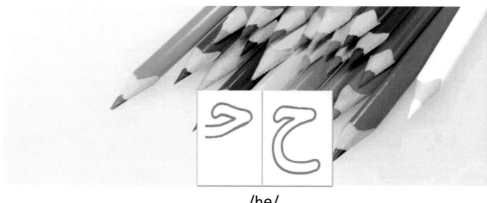

ح

/he/

حلوا
/halwâ/

Halwa

حج
/haj/

Haj

ساحل
/sâhel/

Beach

صبح
/sob/

Morning

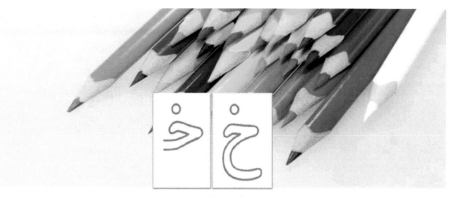

/khe/

خانه

/khâneh/

Home

خرگوش

/khargoush/

Rabbit

دختر

/dokhtar/

Girl

خواب

/khâb/

Sleep

Practice تمرين

چ چ

ح ح

پ پ

خ خ

ج ج

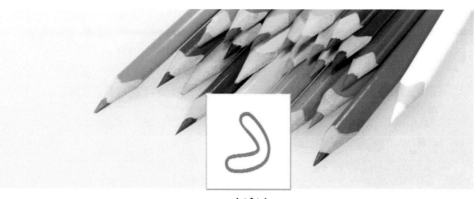

/dâl/

در
/dar/

Door

دوا
/dawâ/

Medicine

درد
/dard/

Pain

دندان
/dandân/

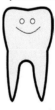

Tooth

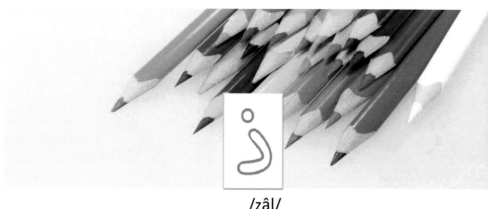

/zâl/

ذوق
/zawgh/

Taste

ذره بين
/zarrabin/

Microscope

كاغذ
/kaghaz/

Paper

ذوب
/zawb/

Melt

/re/

بهار
/bahâr/

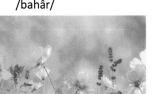

Spring

روباه
/roubâ/

Fox

زرافه
/zarrâfeh/

Giraffe

پرنده
/parandeh/

Bird

Practice تمرين

د د

ذ ذ

ر ر

آ آ

چ چ

/ze/

زمین
/zamin/

Earth

زمستان
/zemestân/

Winter

پیاز
/piyâz/

Onion

خزان
/khazân/

Autumn

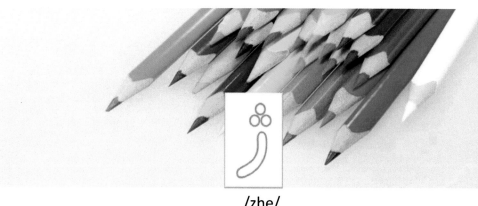

/zhe/

ژاکت

/zhâkat/

Jacket

ژاله

/zhâleh/

Hail

مژده

/mozhdeh/

Mozhdeh

ژله

/zheleh/

Jelly

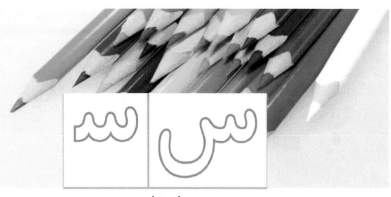

/sin/

سیب
/sib/

Apple

ستاره
/setâreh/

Star

افغانستان
/ afghânistan/

Afghanistan

خرس
/khers/

Bear

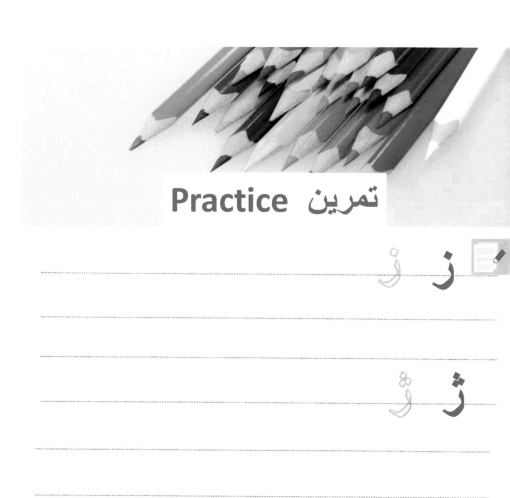

Practice تمرين

ز ز

ث ث

س س

خ خ

Practice تمرین

از حروف داده شده کلمه بسازید.

Make words from the given letters.

خ ز ا ن

ج و ر ا ب

ژ ا ک ت

س ت ا ر ه

خزان   ژاکت

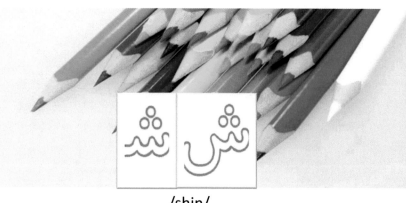

ش شـ ـشـ ـش
/shin/

شمع
/sham/

Candle

شب
/shab/

Night

شنا
/shenâ/

Swimming

کشمش
/keshmesh/

Raisin

/sâd/ صص

صابر
/sâber/

Saber

صابون
/sâboun/

Soap

صندوق
/sandough/

Box

صاعقه
/sâegheh/

Thunder

ص ص

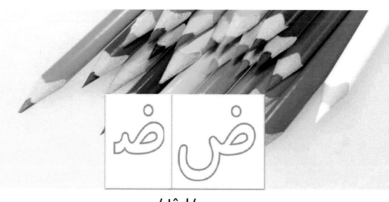

/dâd/

ضربان

/zarbân/

بيضى

/baizi/

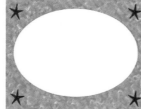

Ellipse

Pulse

حوض

/hawz/

مريض

/mariz/

Pool

Sick

Practice تمرين

ش ش

ص ص

ض ض

ج ج

/tâ/

طالبى

/tâlebi/

وطن

/watan/

Hometown

Melon

طوفان

/toufan/

Storm

طوطى

/touti/

Parrot

/zâ/

ظرف

/zarf/

منظره

/manzareh/

Dish

View

منظومه شمسی

/manzoumeh-e-shamsi/

ظهر

/zohr/

Solar System

Noon

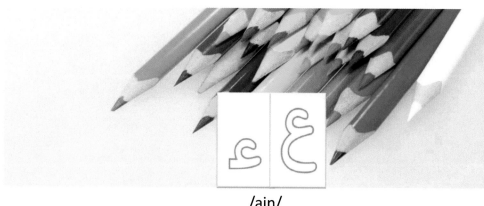

/ain/

عقاب
/oghâb/

Eagle

عسل
/asal/

Honey

عدد
/adad/

Three

جمعه
/jomeh/

Friday

Practice تمرين

ط ط

ظ ظ

ع ع

خ خ

/ghain/

 غروب

/ghoroub/

 باغ

/bâgh/

Sunset

Garden

 باغبان

/bâghbân/

 غاز

/ghâz/

Gardener

Goose

 غ غ

/fe/

فرش

/farsh/

Carpet

فابریکه

/fâbrikeh/

Factory

هفت

/haft/

Seven

فوتبال

/foutbâll/

Football

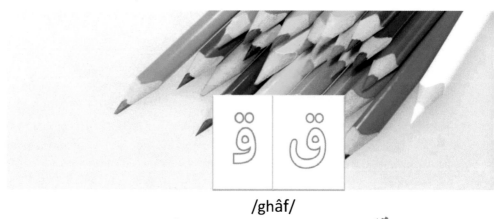

/ghâf/

قیچی
/ghaichi/

Scissors

قلم
/ghalam/

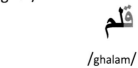

Pen

قلب
/ghalb/

Heart

بشقاب
/boshghâb/

Plate

غ غ

ف ف

ق ق

ث ث

Practice تمرین

حرف های هم شکل را باهم وصل کنید.

Connect the same words together.

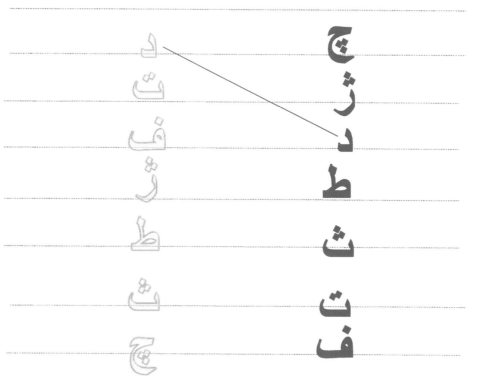

/kâf/

كليد
/kalid/

Key

كفش
/kafsh/

Shoe

خوک
/khouk/

Pig

كلاه
/kolah/

Hat

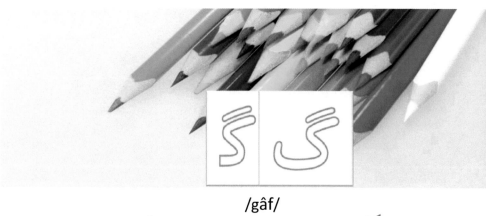

/gâf/

شاگرد
/shâgerd/

Student

گل
/gol/

Flower

برگ
/barg/

Leaf

گرگ
/gorg/

Wolf

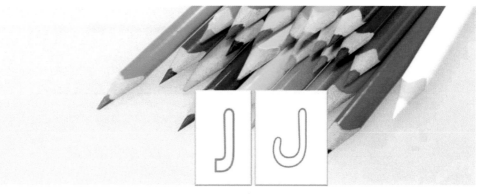

/lâm/

لباس
/lebas/

Cloth

لب
/lab/

Lip

لک لک
/laklak/

Stork

لیمو
/limou/

Lemon

ک کـ

گ گـ

ل لـ

د د

ع عـ

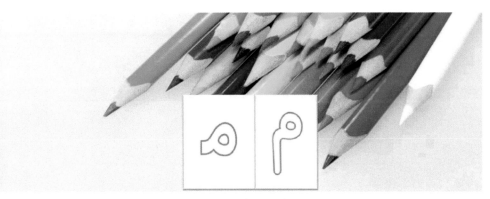

/mim/

ماهی
/mâhi/

مادر
/mâder/

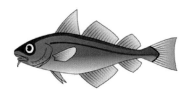

Fish

Mother

مرغ
/morgh/

مورچه
/ mourcheh/

Hen

Ant

م‍ م‍

ن ن

/noun/

نان

/nân/

نمک

/namak/

Salt

Bread

بدن

/badan/

زبان

/zaban/

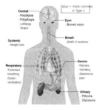

Body

Tongue

ن ن

/wâw/

خوشحال

/khoshhâl/

Happy

دوا

/dawâ/

Medicine

تقويم

/taghwim/

Calendar

رود

/rod/

River

و   و

Practice تمرین

م م

ن ن

و و

ر ر

پ پ

حرف های هم شکل را باهم وصل کنید.

Connect the same words together.

ن	ک
ث	ﺳ
ﻟ	ب
ک	ژ
ﺳ	د
ب	

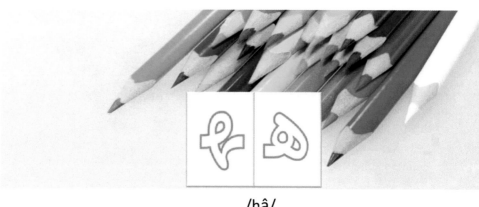

/hâ/

بهار
/bahâr/

Spring

هوا
/hawâ/

Weather

ماه
/mâh/

Moon

خواهر
/khâhar/

Sister

ی پـ

/yâ/

یوزپلنگ

/youzpalang/

شیر

/shir/

Lion

Tiger

چوکی

/chawki/

میز

/miz/

Chair

Table

ی ی

Practice تمرين

ه ه

ها ها

گ گ

ت ت

م م

Practice تمرين

ج ج

يا يا

بابا بابا

مادر مادر

Practice تمرین

حرف های هم شکل را باهم وصل کنید.

Connect the same words together.

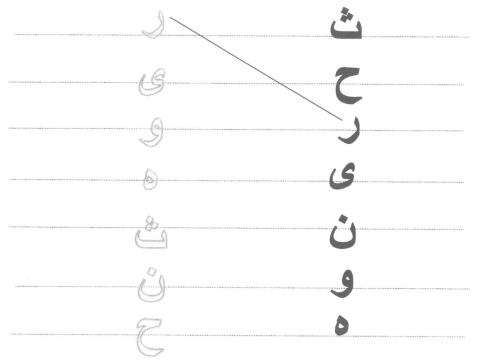

ر	ث
ی	ح
و	ر
ه	ی
ث	ن
ن	و
ح	ه

Made in the USA
Middletown, DE
09 January 2020